BEI GRIN MACHT SICH IHR WISSEN BEZAHLT

AF138410

- Wir veröffentlichen Ihre Hausarbeit,
  Bachelor- und Masterarbeit

- Ihr eigenes eBook und Buch -
  weltweit in allen wichtigen Shops

- Verdienen Sie an jedem Verkauf

Jetzt bei www.GRIN.com hochladen
und kostenlos publizieren

Gruppenentscheidungen. Die Dynamik von Cross-Cueing bis Gruppendenken und ihre Auswirkungen

GRIN

Bibliografische Information der Deutschen Nationalbibliothek:

Die Deutsche Nationalbibliothek verzeichnet diese Publikation in der Deutschen Nationalbibliografie; detaillierte bibliografische Daten sind im Internet über http://dnb.d-nb.de abrufbar.

ISBN: 9783346939623
Dieses Buch ist auch als E-Book erhältlich.

Druck und Bindung: Books on Demand GmbH, Norderstedt Germany
Gedruckt auf säurefreiem Papier aus verantwortungsvollen Quellen

Das vorliegende Werk wurde sorgfältig erarbeitet. Dennoch übernehmen Autoren und Verlag für die Richtigkeit von Angaben, Hinweisen, Links und Ratschlägen sowie eventuelle Druckfehler keine Haftung.

Das Buch bei GRIN: https://www.grin.com/document/1393802

2

Inhalt

Aufgabe 1 3

Aufgabe 2 8

    Studie 1: Gruppenentscheidungen unter Hidden Profile Situationen von Schulz-Hardt, Brodbeck, Mojzisch, Kerschreiter & Frey (2006) 8

    Studie 2: Konformitätsexperiment von Asch (1951) 10

    Studie 3: Studie zum Risky-Shift Phänomen von Kogan & Wallach (1964) 12

Aufgabe 3 13

Literaturverzeichnis 19

Aufgabe 1

In vielen Bereichen des alltäglichen Lebens wird in Gruppen entschieden. So werden beispielsweise Abstimmungen, die in einem Verein getroffen werden müssen von den Vereinsmitgliedern durchgeführt. Das Entscheiden in Gruppen kann sowohl positive Effekte mit sich bringen, als auch den Entscheidungsprozess behindern und daraus resultierende Ergebnisse verfälschen. Das Phänomen des cross-cueings stellt dabei einen Vorteil bei Entscheidungsprozessen innerhalb von Gruppen dar. So kann es also vorkommen, dass sich Gruppenmitglieder erst dann an Informationen erinnern bzw. diese ihnen wieder in den Sinn kommen, wenn ein anderes Mitglied diese Informationen oder ähnliche mit der Gruppe teilt (Giersiepen, Wanzel & Schulz-Hardt, 2017).

Nachteile bei Gruppenentscheidungen zeigen sich hingegen darin, dass eine nicht optimale Entscheidung getroffen wird oder gar keine Entscheidung zustande kommt. So wäre beispielsweise ein Nachteil von Gruppenentscheidungen das Fehlen der Strategieplanung des Entscheidungsprozesses. Stattdessen wird direkt in die Diskussion eingestiegen (Hackman & Morris, 1975). Negative Einflussfaktoren der Gruppenentscheidung bedingen meist den sogenannten Prozessverlust, d.h. ein Mitglied kann die Entscheidung der Gruppe in eine Richtung lenken, was dazu führt, dass mögliche wichtige Informationen beim Entscheidungsprozess außen vor gelassen werden. Somit können als Prozessverlust alle Merkmale einer Interaktion beschrieben werden, die ein erfolgreiches Problemlöseverhalten beeinträchtigen oder verhindern (Steiner, 1972; Mojzisch & Schulz-Hardt, 2010). Es gibt verschiedene Entstehungsfaktoren, die Prozessverluste beeinflussen. Dazu gehören unter anderem die Unfähigkeit, wichtige Informationen weiterzugeben, die Gruppenpolarisierung (*risky shift*), das Gruppendenken (*group think*) und die Entscheidungsverweigerung (*indecisiveness*). Diese Gruppenphänomene werden im Folgenden näher erläutert.

Bei der Unfähigkeit wichtige Informationen zu teilen, handelt es sich dabei um die Tendenz, lediglich Informationen in einer Diskussion zu berücksichtigen, über die nur wenige Mitglieder verfügen. Stattdessen wird sich auf die Informationen fokussiert, die alle Mitglieder teilen (Strasser & Titus, 1985). Untersuchen konnten zeigen, dass ungeteilte Informationen zu einem späteren Zeitpunkt der Diskussion eingebracht werden. Demnach sei es wichtig, lange und ausführliche Diskussionen in Gruppe zu führen, um anhand des Wissens aller Mitglieder zur bestmöglichen Entscheidung zu gelangen (Fraidin, 2004).

Tendieren viele Mitglieder einer Gruppe zu der gleichen Option, kann die Entscheidung der gesamten Gruppe zu einem Extrem hin gelenkt werden und man spricht von Gruppenpolarisierung. Dabei neigen Gruppen zu Entscheidungen mit extremem Risiko (risky shift) oder extremer Vorsicht (cautious shift) im Vergleich zur ursprünglichen Entscheidung der Einzelperson (Moscovici & Zavalloni, 1969; Ohtsubo, Masuchi & Nakanishi, 2002; Teger & Pruitt, 1967). Im Vergleich zur Einzelperson zeigt eine Gruppe eine höhere Risikobereitschaft, was als sogenanntes Risky-Shift-Phänomen bezeichnet wird. Die Gruppe tendiert dabei zu risikoreicheren Entscheidungen, sofern die Gruppenmitglieder vor der Diskussion schon risikobereit sind (Myers & Lamm, 1976).

In der Risikobereitschaft einer Gruppe sind kulturelle Unterschiede zu beachten. Durch Studien konnte gezeigt werden, dass in den USA risikobereites und innovatives Handeln sehr geschätzt wird und Amerikaner eher riskante als vorsichtige Alternativen bewundern (Lamm, Schaude & Trommsdorff, 1971). Sie schätzen risikobereite Menschen positiver (Madaras & Bem 1968) und kompetenter ein (Jellison & Riskind 1970). Das Gegenteil des Risky-Shift-Phänomens zeigt sich im Cautious-Shift-Phänomen, welches eine Verschiebung der Risikobereitschaft in Gruppen hin zur Vorsicht darstellt. Dieses Phänomen herrscht vor allem weitestgehend in kollektivistischen Kulturen wie in afrikanischen und asiatischen Ländern vor (Carlson & Davis, 1971; Gologor, 1977; Hong, 1978). Die Ursache der Gruppenpolarisierung kann durch die folgenden Einflussfaktoren erklärt werden: Wiederholte Äußerungen, dem informativen und dem normativen Einfluss. Der informative Einfluss beschreibt den Einfluss anderer Menschen, der zur Konformität führt, da diese Menschen als Informationsquelle betrachtet werden, um das eigene Verhalten zu leiten (Aronson, Wilson & Akert, 2004). Der normative Einfluss ergibt sich aus dem Wunsch des Individuums von anderen Menschen Zustimmung zu erhalten und Ablehnung zu vermeiden (Aronson et al., 2004; Cialdini & Goldstein, 2004). Menschen tendieren dazu, in einer Diskussion den eigenen Standpunkt mehrfach auszudrücken, wodurch dieser sich verstärkt (Downing, Judd & Brauer, 1992). Greifen nun andere Mitglieder diesen Standpunkt bei der Argumentation ebenfalls auf, wird die eigene Meinung extremisiert (Brauer, Judd & Gliner, 1995). Aus klassischen Studien zur Konformität geht hervor, dass strukturelle Merkmale wie die Homogenität der Gruppenmeinung und die Kohärenz der Gruppe eine wichtige Rolle spielen (Paicheler, 1979). So kann eine einzige Person mit abweichender Meinung die Gruppenpolarisierung verhindern (Walther, Bless, Strack, Rackstraw, Wagner & Werth, 2002). Auch Konformitätsdruck und hierarchische Strukturen begünstigen eine Gruppenpolarisierung. Der Konformitätsdruck wächst, wenn für ein Individuum keine weiteren alternativen Gruppen existieren (Asch in Tagiuri, 1958).

Entscheidungen mit hoher Tragweite, wie beispielsweise in der Politik, werden ebenfalls meist in Gruppen getroffen. Dabei kann es zu Fehlentscheidungen kommen, die
enorme Konsequenzen mit sich ziehen, wie das Reaktorunglück in Tschernobyl 1986
zeigt. Das Entstehen solcher Fehlentscheidungen in Gruppen kann durch die Theorie
des Gruppendenken bzw. aus dem Englischen „group think" erklärt werden (Janis
1971, 1972, 1982). William Whyte (1952) verwendet als einer der Ersten ganz explizit
den Begriff des Gruppendenkens. Nach Whytes Auffassung verfolgen alle Gruppenmitglieder dieselben Ziele. Janis (1972) definiert den Begriff des Gruppendenkens als
eine Art des Denkens der Menschen, wenn diese eng in eine kohäsive Binnengruppe
eingebunden sind. Stehen ihre Argumente im Widerspruch mit der Entscheidung der
Gruppe, werden diese also vernachlässigt und so der Gruppenkonsens aufrechterhalten (Janis, 1972).

Nach Aronson, Akert und Wilson (2010) gibt es Faktoren, die das Gruppendenken beeinflussen können. Darunter fällt die hohe Gruppenkohäsion, die Gruppenisolation, das
Vorhandensein eines Gruppenleiters und hohe Stressfaktoren. Wirkt eine Gruppe für
andere Menschen attraktiv und wird diese wertgeschätzt, handelt es sich um eine hohe
Gruppenkohäsion, welche dadurch das Gruppendenken der Mitglieder begünstigt. Eine
starke Gruppenisolation ist dann gegeben, wenn die Gruppe von alternativen Meinungen distanziert ist. Gibt es in einer Gruppe eine leitende Person, kann es sein, dass
dieser Leiter durch Äußerungen seiner Wünsche die Entscheidung der Gruppe in seine
gewünschte Richtung lenkt. Auch Stressfaktoren begünstigen das Gruppendenken.
Hierbei wird zwischen Stress aufgrund zeitlicher Faktoren und Stress durch eine ver-
meintliche Bedrohung der Gruppe von außen unterschieden. Vor allem Letzteres ist
häufig in Form von hohem psychologischen Stress bei Entscheidungen in Krisensitua-
tionen zu beobachten (Aronson et al., 2010).

Nach Janis (1971) kann auch ein schlechter Entscheidungsfindungsprozess das Gruppendenken verstärken. Das kommt vor allem dann vor, wenn die Standpunkte nicht
ausreichend diskutiert werden und es so in Verbindung mit anderen im Gruppendenken beeinflussende Faktoren zu einer verzerrten Entscheidung führt. Somit ist das
Gruppendenken nach Janis (1972) in einer Situation dann gegeben, wenn die folgenden acht Symptome vorliegen, welche in drei Oberkategorien zusammengefasst werden können:

Kategorie 1: Die eigene Gruppe wird überbewertet (Illusion der Unverwundbarkeit,
Glaube an die überlegene Moral der Gruppe),

Kategorie 2: Mitglieder sind voreingenommen gegenüber den eigenen Lösungen und
gegenüber Dritten (kollektive Rationalisierung, Stereotypisierung extremer Gruppen),

Kategorie 3: Konformitätsdruck (Selbst-Zensur, Illusion der Einmütigkeit, direkter Druck auf Abweichler, selbst ernannte Gesinnungswächter).

Die erste Überkategorie der Symptome des Gruppendenkens umfasst die Überbewertung der eigenen Gruppe. Darunter fällt unter anderem die Illusion der Unverwundbarkeit, welche eine kognitive Verzerrung der Informationswahrnehmung darstellt. Es werden nur Informationen beachtet, die den Status und die Entscheidungen der eigenen Gruppe begünstigen. Hierbei stützt sich die Gruppe oft auf höhere Autoritäten, meist christliche oder spirituelle Mächte, wie beispielsweise Gott, die hinter der Entscheidung der Gruppe stehen. So versucht die Gruppe die getroffenen Entscheidungen moralisch zu rechtfertigen (Aronson et al., 2010; Janis, 1972).

Weiter beeinflusst die Voreingenommenheit gegenüber den eigenen Lösungen und anderen Gruppen/Personen das Gruppendenken. Vor allem die Stereotypisierung extremer Gruppen spielt bei dieser Kategorie eine wichtige Rolle. Dabei werden die Leiter anderer Gruppen oft auf eine verallgemeinernde Art wahrgenommen, sie seien böse, schwach und dumm, wodurch beispielsweise Verhandlungen keinen Sinn machen würden (Aronson et al., 2010; Janis, 1972).

Die dritte Kategorie umfasst den Konformitätsdruck. Hierbei zeigen sich oft Gruppenmitglieder, die den Leiter der Gruppe vor anderen Meinungen schützen, welche als sogenannte „Mindguards" bezeichnet werden. Diese Meinungen können auch von anderen Gruppenmitgliedern vertreten werden, welche als „Abweichler" bezeichnet werden. Die „Abweichler" werden beim Entscheidungsprozess dann meist ignoriert bzw. nicht nach ihrer Meinung gefragt. Anhand dessen versuchen die Mindguards die Illusion zu erschaffen, die Gruppe vertrete den gleichen Standpunkt und dieselben Ansichten. Ähnlich zeigt sich das Vorgehen beim Konformitätsdruck auf Abweichler. Diese werden bei abweichender Meinung so lange unter Druck gesetzt, bis sie sich gezwungen fühlen, die Ansichten der Mehrheit der Mitglieder zu vertreten, die Gruppe zu verlassen oder nichts mehr beizutragen. Dieser Druck und das Ignorieren der Abweichler hat zur Folge, dass andere Mitglieder der Gruppe ihre widersprüchlichen Ansichten möglicherweise gar nicht erst äußern (Aronson et al., 2010; Janis, 1972).

Ein weiteres wichtiges sozialpsychologisches Phänomen bei Gruppenentscheidungen stellt das sogenannte „hidden profile", übersetzt verborgenes Profil, dar. Entwickelt wurde dieses Paradigma von Stasser & Titus 1985. Es soll erklären, weshalb die Zusammensetzung der Mitglieder innerhalb einer Gruppe zu Prozessgewinnen führen kann. Innerhalb dieses Paradigmas wird zwischen geteilten und ungeteilten Informationen unterschieden, die zur Lösung eines Problems benötigt werden. Die geteilten Informationen sind allen oder mehreren Mitgliedern der Gruppe zugänglich und bewusst.

Die ungeteilten Informationen sind solche, über die nur ausgewählte Gruppenmitglieder verfügen. Bei der Lösung einer Aufgabe bzw. eines Problems äußern Gruppenmitglieder dennoch lediglich die Informationen, die anderen Gruppenmitgliedern bereits bekannt sind (geteilte Informationen) und verbergen somit die ungeteilten Informationen. Da die ungeteilten Informationen aber essenziell für die richtige Gruppenentscheidung sind, ist das Zusammenführen aller ungeteilten Informationen wichtig. Diese Zusammenführung der Informationen wird „information pooling" genannt (Kopp In Wirtz (Hrgs.), 2021).

In der Forschung stellt das Hidden Profile einen wichtigen Aspekt dar, um Gruppenentscheidungen zu erforschen. So konnte gezeigt werden, dass Gruppen es oft nicht schaffen Hidden-Profile-Aufgaben zu lösen (Stasser & Birchmeier, 2003). Im Laufe der Studie konnte aufgezeigt werden, weshalb Gruppen an diesen Aufgaben scheitern. In der Literatur werden vier Prozesse genannt, die für dieses Scheitern verantwortlich sind: Die unzureichende Diskussion, die Diskussionsverzerrung, die unzureichende Verarbeitungsintensität und die Bewertungsverzerrung (Schulz-Hardt & Mojzisch; 2012). Bei der unzureichenden Diskussion werden zu wenig Informationen eingebracht oder nicht ausreichend innerhalb der Gruppe diskutiert. Dies kann aufgrund eines Zeitmangels (Campbell & Strasser, 2006) oder einer geringen Motivation, die beste Lösung zu finden, der Fall sein (Scholten, Van Knippenberg, Nijstad, & De Dreu, 2007; Kopp In Wirtz (Hrgs.), 2021; Schulz-Hardt & Mojzisch, 2012).

Bei der Diskussionsverzerrung wird sich während der Diskussion lediglich auf Informationen konzentriert, die innerhalb der Gruppe geteilt werden und mit den Präferenzen der Gruppe übereinstimmen (Larson, Foster-Fishman & Keys, 1994; Faulmüller, Mojzisch, Kerschreiter, & Schulz-Hardt, 2012; Schulz-Hardt & Mojzisch, 2012). Die unzureichende Verarbeitungsintensität zeigt sich in der oberflächlichen Bearbeitung der Informationen durch die einzelnen Mitglieder. So waren die Verarbeitungsintensität und die Lösungsrate des Hidden Profiles höher, wenn Gruppenmitglieder ihre Präferenzen zu Beginn des Informationsaustauschs der Gruppe nicht mitteilen konnten (Gigone & Hastie, 1993; Schulz-Hardt & Mojzisch, 2012). Die Bewertungsverzerrung und die Diskussionsverzerrung sind im Kern sehr ähnlich, da die Bewertung der Informationen durch die Mitglieder zugunsten geteilter Informationen und eigener Präferenzen verzerrt wird. Die vor der Gruppendiskussion anhand bestehenden Informationen gefällten individuellen Entscheidungspräferenzen beeinflussen im späteren Verlauf die Gruppenentscheidung bzw. -lösung maßgeblich (Chernyshenko, Miner, Baumann, & Sniezek, 2003; Mojzisch, Grouneva & Schulz-Hardt, 2010).

Es konnte aufgezeigt werden, dass die Erfolgswahrscheinlichkeit zur Lösung eines Hidden Profiles unter anderem von einer bestimmten Form der Gruppenzusammensetzung abhängt. Diese ist durch die Übereinstimmung bzw. Nichtübereinstimmung der Präferenzen der jeweiligen Gruppenmitglieder vor der Diskussion bedingt. So konnte gezeigt werden, dass ein intensiverer und weniger verzerrter Informationsaustausch innerhalb der Gruppe dann stattfindet, wenn die Mitglieder unterschiedliche Alternativen vor der Diskussion bevorzugen (Brodbeck, Kerschreiter, Mojzisch, Frey, & Schulz-Hardt, 2002; Schulz-Hardt, Brodbeck, Mojzisch, Kerschreiter, & Frey, 2006).

Aufgabe 2

Studie 1: Gruppenentscheidungen unter Hidden Profile Situationen von Schulz-Hardt, Brodbeck, Mojzisch, Kerschreiter & Frey (2006)

Um eine Lösung für das Hidden Profile zu finden, wurde ein Laborexperiment von Schulz-Hardt et al. (2006) durchgeführt. Ziel der Studie war es, durch einen Konflikt der anfänglichen Meinungen der Gruppenmitglieder eine Lösung des Hidden Profiles zu fördern. Diese anfängliche Meinungsverschiedenheit soll die Wahrscheinlichkeit einer vorschnellen Entscheidung für eine suboptimale Alternative minimieren. Um diesen Konflikt zu Beginn der Diskussion zu lösen, sollten die Mitglieder mehr Informationen austauschen als in einer einstimmigen Gruppe. Um diese Hypothese zu überprüfen, wurden die Probanden der Studie in Gruppen zu je drei Personen unterteilt. Hierbei unterscheiden sich die Gruppen in Konsensgruppen (Mitglieder präferieren dieselbe Alternative vor der Diskussion) und Dissensgruppen (Mitglieder vertreten unterschiedliche Alternativen vor der Diskussion).

Die Stichprobe der Untersuchung umfasst 447 Studierende, darunter befanden sich 317 Frauen und 130 Männer mit einem Durchschnittsalter von M = 23.86 Jahren, die in Gruppen mit jeweils drei Personen unterteilt wurden. Für die Teilnahme an der Studie bekam jede Person elf Dollar, was in etwa neun Euro entspricht.

Die Untersuchung basiert auf einem einfaktoriellen Studiendesign, mit sechs Bedingungen, fünf Hidden Profile Bedingungen und einer Kontrollbedingung mit einem Manifest Profile mit vollständigen Informationen für die Gruppenmitglieder von Anfang an (Gegenteil des Hidden Profils).

Die fünf Hidden Profile Bedingungen sind:

1. *Homogenitätsbedingung* bei Gruppen, in denen alle Mitglieder anfänglich eine übereinstimmende nicht optionale Alternative bevorzugten;

2. *Minderheitsdissens – inkorrekt*, wobei zwei Mitglieder dieselbe nicht optionale Alternative bevorzugten, die dritte Person hingegen eine andere nicht optionale Alternative;

3. *Vollständiger Dissens – inkorrekt*, bei der alle Mitglieder anfänglich unterschiedliche nicht optionale Alternativen bevorzugten;

4. *Minderheitsdissens – korrekt*, identisch mit dem *Minderheitsdissens – inkorrekt*, wobei das Minderheitsmitglied von Anfang an die richtige Alternative bevorzugte;

5. *Vollständiger Dissens – korrekt*, vergleichbar mit dem *vollständigem Dissens – inkorrekt* bis auf die Tatsache, dass eines der drei Mitglieder die richtige Alternative bevorzugte.

Die Versuchspersonen erhalten zunächst Informationen über den Entscheidungsfall, bei dem eine Fluggesellschaft einen Piloten für Langstreckenflüge einstellen möchte. Die Probanden sind in diesem Rollenspiel verantwortlich für den Personalauswahlprozess des Unternehmens. Dabei soll sich die Gruppe für einen von insgesamt vier Bewerbern entscheiden, welche mit A, B, C und D bezeichnet werden. Die Bewerber werden jeweils anhand von zehn Attributen, die sowohl negativ als auch positiv ausfallen, charakterisiert. Ein Bespiel für ein positives Attribut wäre: „Der Kandidat ist dazu fähig, sich über einen langen Zeitraum hinweg zu konzentrieren.". Als negatives Attribut fungiert beispielsweise das Item: „Der Kandidat sei ein Besserwisser.".

Der Bewerber C ist unter Einbezug aller Items und Informationen die beste Wahl für die Stelle als Pilot dieser Airline, da er sieben positive und nur drei negative Attribute erreicht. Die anderen drei Kandidaten A, B, und D erreichen vier positive und sechs negative Attribute. In den Bedingungen mit Hidden Profile wirkte Bewerber C im Vergleich zu den drei anderen Bewerbern als ungeeigneter, sodass die meisten Teilnehmer die Bewerber A, B und D präferierten. Anhand dieser anfänglichen Präferenzen wurden die Probanden in die vorher beschriebenen Gruppen mit jeweils drei Mitgliedern eingeteilt. Die Gruppen wurden in verschiedenen Räumen platziert und die jeweiligen Mitglieder wurden in einem vorher festgelegten Sitzplan von dem Versuchsleiter an einen Tisch gesetzt. Jedes Mitglied wurde darauf hingewiesen, das ausgeteilte Handout zum Thema „Anweisungen zur Gruppendiskussion" vor Beginn zu lesen. Darin wurde beschrieben, dass manche Mitglieder gleiche Informationen zu den Bewerbern erhalten hatten, jedoch jeder Einzelne über zusätzliche Informationen verfügt. Anschließend sollten die Mitglieder innerhalb der Gruppe den Entscheidungsfall gemeinsam diskutieren. Diese Diskussionen wurden von den Versuchsleitern in einem Video aufgezeichnet und im Anschluss an die Diskussionen unter dem Aspekt kodiert, welche Informationen von welchen Mitgliedern eingebracht und wiederholt wurden.

Das Auswerten der Untersuchung führte zu dem Ergebnis, dass Gruppen mit den Hidden Profile Bedingungen seltener eine korrekte Entscheidung getroffen haben als Gruppen mit Manifest Profile. Durch eine Diskussion nahm hingegen der Anteil der korrekten Lösungen mit den Bedingungen mit Dissens zu. Homogene Gruppen trafen nur in 7% der Fälle die richtige Lösung, ein Viertel der Gruppen mit reinem Dissens (unter Bedingungen 3. und 4.) wählte wiederum den richtigen Bewerber. Gruppen mit den „Korrekt"-Bedingungen 5. und 6., d.h. ein Mitglied mit abweichende Meinung zugunsten der richtigen Lösung, erreichten eine Lösungsrate von über 60%. Somit konnte die Studie aufzeigen, dass die positiven Auswirkungen des Dissens bei Gruppen mit abweichenden Meinungen durch intensivere Diskussionen und einen ausgewogeneren Informationsaustausch überwiegen, als es in homogenen Gruppen der Fall war. Intensivere Diskussionen umfassen dabei einen verstärkten Informationsaustausch und längere Diskussionen. Der ausgewogenere Informationsaustausch setzt sich aus der stärkeren Berücksichtigung ungeteilter Informationen und solchen, die nicht mit den Präferenzen der Gruppe konform gehen, zusammen (Schulz-Hardt, Brodbeck, Mojzisch, Kerschreiter & Frey 2006). Untersuchungen durch Faulmüller, Kerschreiter, Mojzisch & Schulz-Hardt (2010) konnten zeigen, dass es scheint als präferierten Menschen eher geteilte als ungeteilte Informationen, aber der Hintergrund dafür dennoch im Phänomen „preference-consistency" liegt. Übersetzt ins Deutsche bedeutet das so viel wie Übereinstimmung der Präferenzen innerhalb einer Gruppe. Die persönliche Präferenz schließt nicht aus, dass geteilte Informationen einen Abstimmungs- und Diskussionsvorteil gegenüber ungeteilten Informationen haben (Greitemeyer, Schulz-Hardt & Frey, 2003), wodurch die Effekte der geteilten Information außerhalb des Präferenzeneffekt-Ansatzes liegen.

Studie 2: Konformitätsexperiment von Asch (1951)

Die dritte Kategorie der Symptome des Gruppendenkens bzw. group think ist nach Aronson et al. (2010) und Janis (1972) der Konformitätsdruck. Um dieses Phänomen genauer zu untersuchen, führte der Sozialpsychologe Asch (1951) ein Laborexperiment zur Erforschung der Konformität mit dem Titel *„effects of group pressure upon the modification and distortion of judgments"* durch. Ziel der Untersuchung war es festzustellen, ob sozialer Druck einer größeren Gruppe ein Individuum dazu bringen kann sich an die Gruppe anzupassen. An der Studie nahmen 50 männliche Studenten des Swarthmore College in den USA teil. Hierfür verwendete er den „line judgement task", d.h. acht Probanden sollten eine Referenzlinie („target line") mit drei anderen unterschiedlichen Linien (A, B, C) vergleichen. Unter den acht Teilnehmenden befand sich lediglich eine „echte" Versuchsperson, bei den sieben anderen Personen handelte es sich um über das Experiment eingeweihte Teilnehmer. Der unwissende Teilnehmer war dennoch im Glauben darüber, die anderen sieben Probanden seien ebenfalls unwissend. Nun sollte nacheinander jeder Teilnehmer die Nummer der Linie laut nennen, welche die gleiche Länge hat wie die Referenzlinie. Der unwissende Teilnehmer saß am Ende des Tisches und wurde als letzter aufgefordert seine Antwort zu nennen. Welche der Linien der Referenzlinie glich, war immer offensichtlich. Insgesamt wurde das Prozedere 18-mal durchlaufen, ab der zwölften Runde begannen die eingeweihten Personen nun falsche Antworten zu nennen, die sogenannten „critical trials". Asch interessierte sich vor allem dafür, ob der unwissende Teilnehmer trotz anderer eigener Meinung mit der Meinung der Gruppe konform geht. Um mögliche weitere Einflussfaktoren weitestgehend ausschließen zu können, wurde das Experiment zudem unter Kontrollbedingungen, d.h. nur mit dem unwissenden Teilnehmer allein durchgeführt.

Das Ergebnis der Studie zeigte auf, dass durchschnittlich 32% der unwissenden Teilnehmer ihre Entscheidung an die Antworten der Mehrheit angepasst haben und sich dadurch bewusst gegen die richtige Alternative entschieden haben. Zudem haben 75% der Teilnehmer mit den „critical trials" ab Runde 12 wenigstens einmal ihre Antwort angepasst. 25% der Unwissenden haben im Gegensatz dazu ihr Antwortverhalten nicht an die Mehrheit angepasst. Unter Kontrollbedingungen konnte festgestellt werden, dass weniger als 1% der Teilnehmer ihre Antworten angepasst und eine irrtümliche Antwort angegeben haben. Aufgrund der Ergebnisse der Studie konnte der Schluss gezogen werden, dass es zwei Hauptgründe für Konformität gibt. Einer der Gründe ist der sogenannte *normative Einfluss*, d.h. dass Menschen zur Gruppe passen möchten. Der zweite Grund ist, dass Menschen denken, die anderen Gruppenmitglieder seien besser informiert als sie selbst, der sogenannte *informative Einfluss* (Asch in: Tagiuri, R.,1958). Perrin und Spencer (1980) kamen bei einer erneuten Durchführung der Studie zu einer geringeren Konformitätsrate als es bei Asch (1951) der Fall war. Perrin und Spencer (1980) führte Aschs Studie unter selben Bedingungen erneut durch und kamen dabei zum Ergebnis, dass lediglich in einem aus 396 Fällen die jeweilige

Versuchsperson der falschen Mehrheit zustimmte. Ihrer Meinung nach habe eine kulturelle Veränderung dahingehend stattgefunden, dass Menschen sich nicht mehr eingliedern und der Gruppe unterordnen wollen (Perrin & Spencer, 1980). Zudem sei die Studie von Asch ethisch fragwürdig, da die Teilnehmenden der Studie unter hohem emotionalen Stress leiden, wenn sie nicht die Meinung der Gruppe teilen (Back, Bogdonoff, Shaw & Klein, 1963).

Studie 3: Studie zum Risky-Shift Phänomen von Kogan & Wallach (1964)

Menschen tendieren dazu anzunehmen, dass eine Einzelperson risikoreichere Entscheidungen trifft als eine ganze Gruppe, da keine weiteren Personen auf den Entscheidungsprozess einwirken (Aronson et al., 2010). Studien konnten diese Annahme widerlegen und zeigen auf, dass eher Gruppen zu den risikoreicheren Entscheidungen tendieren (Kogan & Wallach, 1964; Moscovici & Zavalloni, 1969; Wallach, Kogan & Bem, 1962). Das Risikoverhalten kann anhand eines Fragebogens, dem Choice Dilemma Questionnaire (CDQ), bestehend aus zwölf hypothetischen Szenarien, die ein Dilemma für eine Person aus dem Beispiel darstellen, untersucht werden. Die Probanden wählen bei jedem einzelnen Szenario die Wahrscheinlichkeit für einen Erfolg der risikoreicheren Wahloption, damit er diese empfehlen würde. Jeder Teilnehmer beginnt damit, eine Entscheidung für sich allein zu treffen und anschließend als Teil einer Gruppe die Optionen zu diskutieren und eine gemeinsame Entscheidung zu treffen (Aronson et al., 2010).

Die Ergebnisse zeigen, dass Einzelpersonen meistens die Variante mit der größten Sicherheit gewählt haben, während bei der anschließenden Gruppenentscheidung die Probanden eine risikoreichere Option gewählt haben. Es zeigte sich allerdings auch, dass dieses Phänomen umgekehrt stattfinden kann: Wählt die Einzelperson zunächst eine risikoreiche Option und wird Teil einer Gruppe mit vorsichtigeren Tendenzen, verändert sich die Entscheidung in der darauffolgenden Gruppendiskussion dahingehend, dass die vorsichtigere Alternative gewählt wird. Im Verlaufe der Diskussion innerhalb der Gruppe extremisieren sich also die Einzelmeinungen der Mitglieder. So konnte die Studie zeigen, dass der „Shift" umso größer ist, je extremer die Ausgangsmeinungen sind (Teger & Pruitt 1967). Das Phänomen des „risky-shift" war bis zum Anfang der 1990er Jahren ein häufiges Thema von Untersuchungen durch sozialpsychologische

Forscher. So wurden die Untersuchungsmethoden von Wallach und Kogan, auch in dessen früheren Studien immer wieder kritisiert. Es lasse sich nur schwer von den Laborexperimenten auf das tatsächliche Gruppenverhalten schließen und somit auch auf die Risikoneigung aus der Fragestellung (Sader, 1996).

Aufgabe 3

Gustave Le Bon (1895/2022) schreibt in seinem Buch „Psychologie der Massen" über die Auswirkungen auf einen Menschen, wenn er Teil einer Masse wird. Nach Le Bon setzt dann der gesunde Menschenverstand aus, man wird hochemotional und leicht manipulierbar. Die Wahrscheinlichkeit, dass ein Mensch in der Masse etwas tut, was er allein nicht tun würde, nimmt nach Le Bons Auffassung zu. Es sei sehr schwer dem entgegenzuwirken. Diese Beschreibung weist Parallelen mit der oben beschriebenen Studie von Asch auf. Demnach kommt das sogenannte „group think", übersetzt Gruppendenken, in alltäglichen Situationen vor und der Einfluss einer Gruppe bei Entscheidungen ist durchaus gegeben. Die Ergebnisse haben gezeigt, dass es vor allem zwei Hauptgründe für Konformität gibt: Die Mitglieder möchten zur Gruppe passen und Menschen denken, die Gruppe sei besser informiert als sie selbst (Asch, 1951).

Unter der Betrachtung der Studie von Asch und der oben genannten Erklärungen zur Entstehung und Aufrechterhaltung von Gruppendenken, stellen extremistische Gruppen ein sehr gutes Beispiel für dessen Vorkommen in der Praxis dar. Im Folgenden wird vor allem auf den Islamismus näher eingegangen. Beim Islamismus handelt es sich um eine Form des politischen Extremismus, der nicht zu verwechseln ist mit der Religion des Islam. Der Islamismus umfasst alle Strömungen, die auf der Überzeugung basieren, dass eine allumfassende, gottgewollte absolute Ordnung existiert. Dessen Anhänger vertreten ihrer Meinung nach den einzigen „wahren" Islam und nutzen Sprache und Religion, um ihre politischen Ziele zu verfolgen (Allroggen, Heimgartner, Rau & Fegert, 2021). Dazu gehört das globale Terrornetzwerk „al-Qaida" und weitere terroristische Organisationen. Al-Quaida gilt als Mutterorganisation des Dschihad und war für den Anschlag auf das World Trade Center am 11. September 2001 in den USA verantwortlich. Zu der Terrorgruppe gehören weitere unabhängige Untergruppierungen wie der al-Nusra in Syrien oder al-Qaida im Jemen. Nach dem Tod des Anführers der Gruppierung, Osama bin Laden, verlor die Organisation ihren Stellenwert und befindet sich seitdem in einer Krise. Die Mitgliederzahlen lassen sich schwer messen und werden daher auf rund 10 000 Anhänger geschätzt (Frey, 2019; Focus Online, 2014). Der sogenannte islamische Staat oder kurz IS hat al-Qaida nach dem Tod bin Ladens den Rang abgetreten. Der IS zeigt sich durch verstärkte mediale Präsenz, stärkerer Grausamkeit und einer damit einhergehenden höheren Attraktivität für gewaltaffine Männer. Der islamische Staat verbreitet sich vor allem in den Krisenländern Syrien und Irak. Im Jahr 2021 wurden weltweit 8354 Terroranschläge verzeichnet (US Department of State, zitiert nach de.statista.com, 2022b). Dabei zählt Syrien 2021 mit 1470 Anschlägen mit terroristischen Hintergründen als das Land mit den meisten Terroranschlägen (US Department of State, zitiert nach de.statista.com, 2022). Angaben des CIA zufolge haben sich 20 000 bis 31 500 Männer und Frauen dem IS angeschlossen, weitere Schätzungen gehen sogar von bis zu 200 000 Anhängern aus (Schippmann, 2015). Es wird vermutet, dass sich dabei rund 100 000 Europäer dem IS angeschlossen haben, dem Bundesverfassungsschutz zufolge befinden sich darunter etwa 1000 Deutsche. Von den deutschen Anhängern seien ein Drittel wieder zurück in Deutschland und zu weiteren 190 Personen gibt es Hinweise, sie seien im Irak oder in Syrien getötet worden (Bundesamt für Verfassungsschutz [BfV], 2018).

Gründe, warum sich Menschen einer solchen radikalen Gruppe anschließen, können Vergleiche mit Lebensläufen von Dschihadisten liefern. Man unterscheide zwischen Faktoren, die vom Individuum selbst und solche, die von der Gruppe ausgehen. Zur individuellen Ebene zählen die Persönlichkeit, die Psychopathologie, soziodemographische Faktoren, biografische Faktoren und die relative Deprivation von Grundbedürfnissen. Die Persönlichkeit als Risikofaktor bezüglich der Ideologie der Terrorist/innen zeigt sich beispielsweise in einer geringen kognitiven Komplexität, d.h. Sachverhalte werden vereinfacht und in Schwarz-Weiß-Denken kategorisiert (Locicero & Sinclair, 2008). Zudem stellt die soziale Dominanzorientierung nach Pratto, Sidanius, Stallworth und Malle (1994), auch „social dominance orientation" genannt, einen Risikofaktor dar. Die Theorie besagt, dass sich jemand wünscht, die Ingroup würde die Outgroup dominieren. So konnte bei einer Studie in arabischen Ländern festgestellt werden, dass die soziale Dominanzorientierung mit der Gewaltbereitschaft korreliert. Je niedriger die soziale Dominanzorientierung ist, desto höher zeigt sich die Gewaltbereitschaft (Henry, Sidanius, Levin & Pratto, 2005). Zum Beispiel streben muslimische Einwanderer (ingroup) in westlichen Ländern (outgroup) wahrscheinlich am ehesten eine Gleichberechtigung an und sind bereit diese mit Gewalt durchzusetzen. Im Bezug auf die Psychopathologie gehen Terrorismusforscher davon aus, dass es keine Unterschiede zu „normalen Menschen" und Terroristen gibt (Sageman, 2004), dennoch können auch psychologische Erkrankungen zusammen mit anderen Risikofaktoren Einfluss auf die Radikalisierung eines Menschen nehmen. Zu den soziodemographischen Faktoren können sowohl Alter, Geschlecht und der sozioökonomische Status, als auch die sogenannte duale Identität gezählt werden. Nach Simon, Reichert und Grabow (2013) entsteht duale Identität dann, wenn der Herkunftsort eines Menschen ein muslimisches Land ist, dieser aber gleichzeitig in einem westlichen Land lebt und sich dort sozialisiert. Meist fühlen sie sich mit den Traditionen und Normen in ihrem Heimatland verbunden, lernen aber durch ihre Umgebung die westliche Kultur kennen. Das führt oft dazu, dass sie die Vorzüge der westlichen Freiheit genießen wollen, wie z.b. Alkohol trinken oder Rauchen, sie merken allerdings später, dass dieser Lebensstil nicht mit den Werten des Heimatlandes kompatibel ist. Von Verwandten in der Heimat werden sie dann als verwestlicht angesehen, an ihrem Wohnort aber als Ausländer wahrgenommen. Dies kann zu einer Identitätskrise führen und die Konsequenz mit sich bringen, dass sie sich beispielsweise zum Islamismus bekennen. Ferner stellen biografische Faktoren ebenfalls einen Risikofaktor dar, dabei kann beispielsweise eine soziale Ausgrenzung das Bedürfnis stärken, sich extremistischer Gruppen anschließen zu wollen (Hales, 2014). Weiter können frühe Gewalterfahrungen durch z.B. Videospiele oder gewaltverherrlichende Propagandavideos eine sogenannte Desensibilisierung, d.h. eine Reduktion emotionsbezogener physiologischen Reaktionen auf reale Gewalt verstärken (Carnagey, Anderson & Bushman, 2007). Zudem stellt die Kriminalität einen weiteren Risikofaktor dar. So kam Bakker (2011) in einer Untersuchung dschihadistischer Terroristen zum Ergebnis, dass mindestens ein Fünftel der Terroristen mit einer oder mehreren Vorstrafen, viele davon mit Gewaltanwendung, behaftet ist. Die relative Deprivation von Grundbedürfnissen entsteht vor allem dann, wenn dauerhaft unglückliche Verhältnisse, wie z.B. ein schlechter sozioökonomischer Status oder negative Lebensereignisse für eine Person vorliegen. Dabei spielt vor allem die Hypothese des Zugehörigkeitsbedürfnisses ("need to belong") nach Baumeister und Leary (1995) eine wichtige Rolle. Sozial ausgeschlossene Personen haben demnach ein Mangel an sozialer Interaktion und suchen daher eher Gruppen auf, um von diesen Anerkennung zu erlangen (Knapton, 2014).

Die Gruppenebene umfasst die Konformität, soziale Identität, Gruppenpolarisierung, wahrgenommene Gruppenbedrohung und die Dehumanisierung (Frey, 2019). Der Begriffserklärung von Whyte (1952) zufolge setzt sich das Gruppendenken daraus zusammen, dass alle Mitglieder die gleichen Ziele verfolgen. Bezogen auf den islamischen Staat zeigt sich dieses Ziel darin, den "Kalifat" bzw. Gottesstaat im Nahen Osten zu errichten (BfV, 2021). Der Definition von Janis (1972) zufolge, würde also die Art des Denkens der Mitglieder innerhalb des IS als enge kohäsive Binnengruppe beeinflusst werden. Stünden die Argumente und Meinungen mit den Entscheidungen der Gruppe im Widerspruch, werden diese vernachlässigt, so dass der Gruppenkonsens

aufrechterhalten wird. Würde also die Meinung eines einzelnen Mitglieds mit der Entscheidung des IS, einen Terroranschlag zu verüben, im Widerspruch stehen, würde
dieses nach Janis (1972) von der Gruppe vernachlässigt.

Aronson et al. (2010) definiert Faktoren, die das Gruppendenken beeinflussen: Die
hohe Gruppenkohäsion, die Gruppenisolation, eine leitende Person und hohe Stressfaktoren. Diese Faktoren sind auch beim IS vorhanden und verstärken so das radikale
Gruppendenken. Vor allem für Jugendliche, die auf der Sinn- und Identitässuche sind,
stellen Gruppen einen wichtigen Faktor der Unterstützung dar. Gruppenmitglieder erle-
ben sich als Teil der Gruppe und können mit anderen Mitgliedern über eigene Probleme sprechen. Diese Punkte können auch in nicht extremistischen Jugendgruppen wie
Sportvereinen etc. erfüllt werden (Allroggen, Heimgartner, Rau & Fegert, 2021).

Dennoch gibt es zusätzliche Eigenschaften, die explizit extremistischen Gruppen zugesprochen werden: Mitgliedern wird deutlich gemacht, dass es ein Privileg sei, Teil der
Gruppe sein zu können. Auch Unterschiede zu Personen außerhalb der Gruppe werden verdeutlicht, d.h. es wird in Eigen- und Fremdgruppe eingeteilt und reduziert au-
ßenstehende Personen auf wenige Merkmale. Daraus resultiert die Überschätzung der
eigenen Gruppe und Förderung des engen Gruppenzusammenhalts. Zudem wird
dadurch der Kontakt zur Fremdgruppe oder zu außenstehenden Personen auf ein Mi-
nimum reduziert oder ganz abgebrochen. Damit nach Zielen und Vorstellungen der
Gruppe gehandelt wird, werden „Opfer" oder „Schuldige" identifiziert und Probleme in
der bestehenden Gesellschaft verdeutlicht. Es werden zusätzlich Lösungen durch die
Gruppe für diese Probleme aufgezeigt, wodurch die Mitglieder sich noch enger an die
Gruppe binden. Extremistische Gruppen stellen zudem klare Strukturen, feste Normen
und Regeln auf, somit ist Schwarz-Weiß-Denken und -Handeln in der Gruppe stark
ausgeprägt. Den Mitgliedern werden Aufgaben zugesprochen, die die Identifikation mit
der Gruppe voraussetzen, wie etwa das Ausüben von Gewalttaten zur Erreichung der
Ziele. Ablehnung der Aktivitäten oder der Ausstieg aus der Gruppe ist für Mitglieder oft
sehr schwierig, da die Verpflichtung gegenüber der Gruppe hervorgehoben wird. Weiter stellt die Gruppenpolarisation einen wichtigen Faktor dar, bei dem die Einstellungen
der Gruppe sich noch weiter vom gesellschaftlichem Konsens entfernen. So ist beim
Zeigen von aggressivem Verhalten die extreme Gruppenmeinung von Bedeutung. Es
lässt sich beobachten, dass die Gruppe eher dazu tendiert, extreme Ansichten zu vertreten und auszuführen, als dies einzelne Gruppenmitglieder würden. Bei Gewalttaten
stellt die Gruppe einen wichtigen Faktor dar, so scheint die Hemmschwelle für Gewalt
innerhalb einer Gruppe zu sinken. Zudem tritt ein verringertes Verantwortungsgefühl
für die Taten in der Gruppe auf, Gewalttaten lassen sich vermeintlich erklären. Somit

hat die Gruppe eine wichtige Bedeutung bei der Ausübung extremistischer Gewalttaten (Allroggen et al., 2021).

Menschen benötigen zudem nach der Hypothese des Zugehörigkeitsbedürfnisses (Baumeister & Leary, 1955) häufige, affektiv positive Interaktion mit anderen Menschen. Besonders sozial ausgeschlossene Personen suchen also Gruppen auf, die sie aufnehmen und akzeptieren (Knapton, 2014). Auch Frauen schließen sich dem IS an, wie auch Safia S., als „Attentäterin von Hannover" bekannt, die einem Polizisten ein Gemüsemesser in den Hals stach (Eder, 2016). Frauen werden ebenfalls für Attentate rekrutiert, wie das vereitelte Attentat im September 2016 in Paris mit drei Täterinnen und zwei Helferinnen aufzeigt (Allen & Evans, 2016).

Nach den Kriterien von Aronson et al. (2010), die Gruppendenken verstärken, verfügt der IS über leitende Personen, wie den Gründer des Islamischen Staats Osama bin Laden, der getötet wurde. Und um das Denken der Mitglieder weiterhin in eine bestimmte Richtung zu lenken und die Gruppe zu leiten, nehmen andere Anführer seine Position ein. Auch die Isolation von Mitgliedern mit alternativen Ansichten und Meinungen ist beim IS vertreten. Ein wichtiger Punkt ist noch die wahrgenommene Gruppenbedrohung von außen, welche bei radikal-muslimischen Gruppen besonders beobachtet wurde, und der außerdem einen hohen Stressfaktor darstellt (Blumer, 1958).

Damit die Radikalisierung eines Menschen oder die Ausbreitung einer solchen Gruppe verhindert wird, sind unter anderem Maßnahmen durch die UN beschlossen worden. Der Sicherheitsrat der Vereinten Nationen (2014) verabschiedete einstimmig die Resolution Nr. 2178, um den weltweiten Kampf gegen den Islamischen Staat voranzutreiben. Darin steht, dass alle Mitglieder der Uno-Staaten verpflichtet sind, die Rekrutierung, den Transport, die Durchreise, die Organisation und die Ausrüstung von Terroristen zu unterbinden und zu bekämpfen. Des Weiteren fordert der UN-Sicherheitsrat in einer späteren einstimmig beschlossenen Resolution Nr. 2249 vom 20.11.2015 den Kampf gegen den IS zu verstärken und Terroranschläge zu verhindern. Zudem sollen Finanzströme der Terrormiliz blockiert werden und ausländische Islamisten nicht nach Syrien gelangen können (Sicherheitsrat der Vereinten Nationen, 2015). Um das Gruppendenken weiterer potenzieller Anhänger des Islamischen Staats einzuschränken, ist vor allem die Verhinderung einer Ausreise nach Syrien wichtig. So kann es ausländischen Anhängern des IS erschwert werden, der Gruppe in Syrien aktiv beizutreten. Ferner ist es in Deutschland notwendig nationale Terrorabwehrstrategien zu entwickeln, da es lediglich regionale Programme gibt (Fuchs, 2018). Das Gemeinsame Terrorabwehrzentrum in Berlin dient dem Austausch und der Abstimmung zwischen den Sicherheitsbehörden, trotzdem entstehen Kommunikationslücken wie es bei dem Fall

Anis Amri stattfand. Dieser war bereits in Nordrhein-Westfahlen als Gefährder einge-
stuft worden, die Überwachung wurde aber dennoch eingestellt (Huld, 2017). Ein weiterer Lösungsansatz, um solche Gruppierungen einzudämmen wäre, sich radikalisie-
rende Jugendliche in andere Gruppen einzugliedern. Zudem könnte ihnen bei der Job-
suche verholfen werden oder es könnten ihnen Rollen in Vereinen zugeschrieben werden. Bei bereits inhaftierten Islamisten ist die Resozialisierung besonders wichtig, um
sie davon abzuhalten, weitere Insassen anzuwerben. Nach Völlinger (2017) fehle es
hierbei jedoch an Personal und einem bundesweiten Netzwerk, so die Expertenmei-
nungen. Ferner spielen Beiträge oder Videos in den sozialen Medien eine bedeutende
Rolle, um die extremistische Ideologie zu präsentieren. Da vor allem Jugendliche viel
Zeit in sozialen Medien verbringen, können Islamisten auf diesem Weg an die jungen
Menschen herantreten, obwohl diese im reellen Leben nicht von extremistischen Gruppen erreicht werden könnten. Islamisten thematisieren dabei für junge Menschen aktu-
elle Themen wie Familie und Partnerschaft, damit deren Interesse geweckt wird und
um sie an die Ideologie zu binden. Oft werden also extremistische Inhalte nicht als solche direkt deutlich. Somit können soziale Medien als „Türöffner" fungieren und dabei
helfen, reale Kontakte zu vermitteln. Die Radikalisierung alleine durch Onlineplattfor-
men ist dennoch sehr umstritten und findet eher in Ausnahmefällen statt (Allroggen et
al., 2021). So könne man Beiträge und Videos der Islamisten, die zur Propaganda dienen im Internet und auf den sozialen Medien wie Facebook, Instagram, WhatsApp etc.
direkt entfernen. Auch das in den Nachrichten tagelange Berichten von Attentätern und
ihren biografischen Hintergründen kann negative Konsequenzen mit sich bringen. Dies
kann z.B. als Antrieb von sich radikalisierenden Jugendlichen dienen. Demnach wäre
es wichtig, bedacht in den Medien über Attentate zu informieren und vor allem Posts
auf sozialen Medien möglichst zu minimieren (Frey, 2019).

Literaturverzeichnis

Allen, P., & Evans, S. (2016). Female ‚ISIS terrorist cell wanted to blow up Eiffel Tower' as mum-ofthree charged. *The Mirror Online*. Zugriff am 16.07.2023. Verfügbar unter: https://www.mirror.co.uk/news/world-news/female-isis-terrorist-cell-wanted-8812233.

Allroggen, M., Heimgartner, A., Rau, T. & Fegert, J. M. (2021, 2. Aufl.). *Radikalisierungsprozesse wahrnehmen – einschätzen – handeln: Grundlagenwissen für Ärzt*innen und Psychotherapeut*innen*. Universitätsklinikum Ulm.

Aronson, E., Wilson, T.D. & Akert, R.M. (2004). *Sozialpsychologie* (4. Aufl.). München: Pearson.

Aronson, E., Akert, R. M. & Wilson, T. D. (2010). *Sozialpsychologie: Pearson Deutsch land GmbH*

Asch in: Tagiuri, R. (1958). *Person perception and interpersonal behaviour* (Repr.), 86. Stanford, Calif.: Univ.Pr.

Back, K. W., Bogdonoff, M. D., Shaw, D. M., & Klein, R. F. (1963). An interpretation of experimental conformity through physiological measures. *Behavioral Science, 8(1)*, 34.

Bakker, E. (2011). Characteristics of Jihadi terrorists in Europe (2001–2009). In R. Coolsaet (Hrsg.), *Jihadi terrorism and the radicalisation challenge. European and American experiences* (S. 131–144). Aldershot: Ashgate.

Baumeister, R., & Leary, M. (1995). The need to belong: Desire for interpersonal attachments as a fundamental human motivation. *Psychological Bulletin*, 117(3), 497–529.

Blumer, H. (1958). Race prejudice as a sense of group position. *Pacifc Sociological Review*, 1(1), 3–7.

Bundesamt für Verfassungsschutz (BfV) (2021). Der Islamische Staat (IS). Zugriff am 15.07.2023. Verfügbar unter: https://www.verfassungsschutz.de/SharedDocs/publikationen/DE/islamismus-und-islamistischer-terrorismus/2021-03-der-islamische-staat.pdf?__blob=publicationFile&v=7

Bundesamt für Verfassungsschutz (BfV) (2018). Reisebewegungen von Jihadisten Syrien/Irak. Zugriff am 16.07.2023. Verfügbar unter: https://www.verfassungsschutz. de/de/arbeitsfelder/af-islamismus-und-islamistischerterrorismus/zahlen-und-fakten-islamismus/zuf-is-reisebewegungen-in-richtung-syrien-irak.

Brauer, M., Judd, C.M. & Gliner M.D. (1995). The effects of repeated expressions on attitude polarization during group discussions. *J Pers Soc Psychol*, 68(6), 1014-29.

Brodbeck, F. C., Kerschreiter, R., Mojzisch, A., Frey, D., & SchulzHardt, S. (2002). The dissemination of critical, unshared information in decision making groups: The effects of pre-discussion dissent. *European Journal of Social Psychology, 32,* 35–56.

Campbell, J., & Stasser, G. (2006). The infuence of time and task demonstrability on decision making in computer-mediated and faceto-face groups. *Small Group Research, 37,* 271–294.

Carnagey, N., Anderson, C., & Bushman, B. (2007). The effect of video game violence on physiological desensitization to real-life violence. *Journal of Experimental Social Psychology, 43(3),* 489–496.

Carlson, J. A., & Davis, C. M. (1971). Cultural values and risky shift: A cross-cultural test in Uganda and the United States. *Journal of Personality and Social Psychology, 20,* 392–399.

Chernyshenko, O. S., Miner, A. G., Baumann, M. R., & Sniezek, J. A. (2003). The impact of information distribution, ownership, and discussion on group member judgment: The differential cue weighting model. *Organizational Behavior and Human Decision Processes, 91,* 12–25.

Cialdini, R.B. & Goldstein, N.J. (2004). Social Influence: Compliance and Conformity. *Anual Review of Psychology,* 55, 591–621.

Downing, J.W., Judd, C.M. & Brauer, M. (1992). Effects of repeated expressions on attitude extremity. *Journal of Personality and Social Psychology,* 63(1),17-29

Eder, S. (2016). Angriff auf Polizist: Wie wurde aus Safa S. eine Islamistin? *Frankfurter Allgemeine Online.* Artikel vom 20. Oktober 2016. https://www. faz.net/aktuell/gesellschaft/kriminalitaet/angriffauf-polizist-wie-wurde-aus-safia-s-eine-islamistin-14489730.html.

Faulmüller, N., Kerschreiter, R., Mojzisch, A., & Schulz-Hardt, S. (2010). Beyond group-level explanations for the failure of groups to solve hidden profiles: The individual preference effect revisited. *Group Processes & Intergroup Relations 13(5),* 653–671.

Faulmüller, N., Mojzisch, A., Kerschreiter, R., & Schulz-Hardt, S. (2012). Do you want to convince me or to be understood? Preference-consistent information sharing and its motivational determinants. *Personality and Social Psychology Bulletin, 38,* 1684–1696.

Focus Online. (2014). Al-Kaida, Boko Haram, IS: Die gefährlichsten Gotteskrieger im

Vergleich. Zugriff am 03.07.2023. Verfügbar unter: https://www.focus. de/politik/videos/al-kaida-boko-haram-is-die-gefaehrlichsten-gotteskrieger-im-vergleich_ id_4250693.html

Frey, D. (Hrsg.) (2019). *Psychologie des Guten und Bösen: Licht- und Schattenfiguren der Menschheitsgeschichte – Biografien wissenschaftlich beleuchtet.* Springer Verlag. Berlin. ISBN 978-3-662-58741-6.

Fuchs, T. (2018). Deutschland hat noch keine nationale Abwehrstrategie. *Hannoversche Allgemeine Online.* Zugriff am 26.06.2023. Verfügbar unter: https:// www.haz.de/Nachrichten/Politik/Deutschland-Welt/Deutschland-hat-noch-keine-nationaleAbwehrstrategie

Giersiepen, A., Wanzel, S. & Schulz-Hardt, S. (2017). Entscheidungsprozesse in Gruppen. In H.- W. Bierhoff & D. Frey (Hrsg.), *Kommunikation, Interaktion und soziale Gruppenprozesse* (Sozialpsychologie, 1. Aufl., Bd. 3, S. 635–666). Göttingen: Hogrefe Verlag GmbH & Co.KG.

Gigone, D., & Hastie, R. (1993). The common knowledge effect: Information sharing and group judgment. *Journal of Personality and Social Psychology, 65*, 959–974.

Gologor, E. (1977). Group polarization in a non-risktaking culture. *Journal of Cross-Cultural Psychology, 8*, 331–346.

Greitemeyer, T., Schulz-Hardt, S., & Frey, D. (2003). Präferenzkonsistenz und Geteiltheit von Informationen als Einflussfaktoren auf Informationsbewertung und intendiertes Diskussionsverhalten bei Gruppenentscheidungen [Preference consistency and sharedness of information as predictors of information evaluation and intended behavior in group discussions]. *Zeitschrift für Sozialpsychologie, 34*, 9–23.

Hackman, J.R. & Morris, C. G. (1975). Group Tasks, Group Interaction Process, and Group Performance Effectiveness: A Review and Proposed Integration. In L. Berkowitz (Hrsg.), *Advances in experimental social psychology (Advances in Experimental Social Psychology*, 8(8), 45–99, Academic Press. https://doi.org/10.1016/S0065-2601(08)60248-8

Hales, A. (2014). *Ostracism and interest in extreme groups.* Dissertation, Purdue University, West Lafayette, IN.

Henry, P.J., Sidanius, J., Levin, S. & Pratto, F. (2005). Social dominance orientation, authoritarianism, and support for intergroup violence between the Middle East and America. *Political Psychology 26(4)*, 569-584.

Hong, L. K. (1978). Risky shift and cautious shift: Some direct evidence on the culture-value theory. *Social Psychology*, 41, 342–346.

Huld, S. (2017). Anschlag war zu verhindern: Amri – Eine Serie von Pannen. n-tv. Zugriff am 20.06.2023. Verfügbar unter: https:// www.n-tv.de/politik/Amri-Eine-Serie-von-Pannenarticle19848467.html.

Janis, I. L. (1971). Groupthink. *Psychology today,* 5 (6), 43–46.

Janis, Irving L. (1972): *Victims of Groupthink*. Boston.

Janis, Irving L. (1989): *Crucial Decisions*. New York.

Jellison, J. M., & Riskind, J. A. (1970). A social comparison of abilities interpretation of risk-taking behavior. *Journal of Personality and Social Psychology*, 15, 375–390.

Knapton, H. (2014). The recruitment and radicalisation of western citizens: Does ostracism have a role in homegrown terrorism? *Journal of European Psychology Students*, 5(1), 38–48.

Kogan, N. & Wallach, M. A. (1964). Risk taking: A study in cognition and personality.

Kopp, B. hidden profile. In Wirtz, M.A. (Hrgs.) (2021). Dorsch: Lexikon der Psychologie (20. Auflage), 792. Bern: Hogrefe Verlag.

Lamm, H., Schaude, E., & Trommsdorff, G. (1971). Risky shift as a function of group members' value of risk and need for approval. *Journal of Personality and Social Psychology*, 20, 430–435.

Larson, J. R., Jr., Foster-Fishman, P. G., & Keys, C. B. (1994). Discussion of shared and unshared information in decision-making groups. *Journal of Personality and Social Psychology, 67,* 446–461.

Le Bon, G. (2022). *Psychologie der Massen* (R. Eisler, Übersetzer). Hamburg: Nikol Verlagsgesellschaft. (Erstausgabe erschienen 1895).

Locicero, A. & Sinclair, S.J. (2008). Terrorism and terrorist leaders: Insights from developmental and ecological psychology. *Studies in Conflict & Terrorism*, 31(3), 227-250.

Madaras, G. R., & Bem, D. J. (1968). *Risk and conservatism in group decision making*. Journal of Experimental Social Psychology, 4, 350–365.

Mojzisch, A., Grouneva, L., & Schulz-Hardt, S. (2010). Biased evaluation of information during discussion: Disentangling the effects of preference consistency, social validation, and ownership of information. *European Journal of Social Psychology, 40,* 946–956.

Mojzisch, A. & Schulz-Hardt, S. (2010). Knowing others' preferences degrades the quality of group decisions. *Journal of Personality and Social Psychology*, 98 (5), 794–808.

Moscovici, S. & Zavalloni, M. (1969). The group as a polarizer of attitudes. *Journal of Personality and Social Psychology*, 12 (2), 125.

Myers, D. G., & Lamm, H. (1976). The group polarization phenomenon. *Psychological Bulletin*, 83, 602–627.

Ohtsubo, Y., Masuchi, A. & Nakanishi, D. (2002). Majority influence process in group judgment: Test of the social judgment scheme model in a group polarization context. *Group Processes & Intergroup Relations*, 5 (3), 249–261.

Paicheler G. (1979). Polarization of attitudes in homogeneous and heterogeneous groups. *European Journal of Social Psychology 9 (1)*, 85-96.

Perrin, S., & Spencer, C. (1980). The Asch effect: a child of its time? *Bulletin of the British Psychological Society*, 32, 405-406.

Pratto, F., Sidanius, J., Stallworth, L.M. & Malle, B.F. (1994). Social dominance orientation: A personality variable predicting social and political attitudes. *Journal of Personality and Social Psychology 67(4)*, 741-763.

Sader, M. (1996). *Psychologie der Gruppe*. Grundlagentexte der Psychologie. Juventa Verlag, 12ff.

Sageman, M. (2004). *Understanding terror networks*. Philadelphia: University of Pennsylvania Press.

Schippmann, A. (2015). CIA-Zahlen viel zu niedrig: Kämpfen 200 000 Terroristen für ISIS? *BILD Online*. Zugriff am 26.06.2023. Verfügbar unter: https://www.bild. de/politik/ausland/isis/experte-geht-von-200000-   mitgliedern-aus-39710342.bild.html.

Scholten, L., van Knippenberg, D., Nijstad, B. A., & De Dreu, C. K. W. (2007). Motivated information processing and group decision making: Effects of process accountability on information processing and decision quality. *Journal of Experimental Social Psychology, 43*, 539–552.

Schulz-Hardt, S., Brodbeck, F. C., Mojzisch, A., Kerschreiter, R. & Frey, D. (2006). Group decision making in hidden profile situations: Dissent as a facilitator for decision quality. *Journal of Personality and Social Psychology, 91*, 1080–1093.

Schulz-Hardt, S., & Mojzisch, A. (2012). How to achieve synergy in group decision making: Lessons to be learned from the hidden profle paradigm. In W. Stroebe & M. Hewstone (Hrsg.), *European review of social psychology* (Bd. 23, S. 305–343). Psychology Press.

Sicherheitsrat der Vereinten Nationen (2014). Resolution 2178 (2014). 7272. Sitzung des Sicherheitsrats am 24. September 2014. *S/RES/2178 (2014).* Verfügbar unter: https://www.un.org/depts/german/sr/sr_14/sr2178.pdf

Sicherheitsrat der Vereinten Nationen (2015). Resolution 2249 (2015). 7565. Sitzung des Sicherheitsrates am 20. November 2015. *S/RES/2249 (2015).* Verfügbar unter: https://www.un.org/depts/german/sr/sr_15/sr2249.pdf

Simon, B., Reichert, F., & Grabow, O. (2013). When dual identity becomes a liability: Identity and political radicalism among migrants. *Psychological Science, 24(3)*, 251-257.

Solomon, E. A. (1951): Effects of Group Pressure Upon the Modification and Distortion of Judgments. In: Guetzkow, H.: *Groups, leadership and men; research in human relations.* Oxford, England: Carnegie Press.

Solomon, E. A. (1955): Opinions and Social Pressure. In: *Scientific American* (193) 5, 31-35.

Stasser, G., & Birchmeier, Z. (2003). Group creativity and collective choice. In P. B. Paulus & B. A. Nijstad (Hrsg.), *Group creativity: Innovation through collaboration*, 85–109. Oxford University Press.

Stasser, G., & Titus, W. (1985). Pooling of unshared information in group decision making: Biased information sampling during discussion. *Journal of Personality and Social Psychology, 48*, 1467–1478.

Steiner, I. D. (1972). *Group process and productivity:* Academic press New York.

Teger, A. I. & Pruitt, D. G. (1967). Components of group risk taking. *Journal of Experimental Social Psychology*, 3 (2), 189–205.

US Department of State (2022). Länder mit den meisten Terroranschlägen im Jahr 2021. In *Statista.* Zugriff am 19. Juli 2023. Verfügbar unter: https://de.statista.com/statistik/daten/studie/235792/umfrage/terroranschlaege-nach-laendern/

US Department of State (2022b). Anzahl der Terroranschläge weltweit von 2006 bis

2021. In *Statista*. Zugriff am 19. Juli 2023. Verfügbar unter: https://de.statista.com/statistik/daten/studie/380942/umfrage/anzahl-der-terroranschlaege-weltweit/

Völlinger, V. (2017). Radikalisierung: Knastkarriere zum Islamisten. *Zeit Online*. Artikel vom Zugriff am 20.06.2023. Verfügbar unter: https://www.zeit.de/gesellschaft/2017-01/radikalisierung-islamismus-deutsche-gefaengnisse-praevention-terrorismus/komplettansicht.

Wallach, M. A., Kogan, N. & Bem, D. J. (1962). Group influence on individual risk taking. *The Journal of Abnormal and Social Psychology*, 65 (2), 75.

Walther, E., Bless, H., Strack, F., Rackstraw, P., Wagner, D., Werth, L. (2002). Con formity effects in memory as a function of group size, dissenters and uncertainty. *Applied Cognitive Psychology: ACP 16*, 793-810. Chichester.

Werth L., Seibt B. & Mayer J. (2019). *Sozialpsychologie – Der Mensch in sozialen Beziehungen. Interpersonale und Intergruppenprozesse* (2. Auflage), 157-215. Springer Berlin, Heidelberg.

Whyte, W. Hollingsworth u. a. (1952): *Is Anybody Listening*. New York.